BEI GRIN MACHT SICH IHR
WISSEN BEZAHLT

- Wir veröffentlichen Ihre Hausarbeit,
  Bachelor- und Masterarbeit

- Ihr eigenes eBook und Buch -
  weltweit in allen wichtigen Shops

- Verdienen Sie an jedem Verkauf

Jetzt bei www.GRIN.com hochladen
und kostenlos publizieren

Bibliografische Information der Deutschen Nationalbibliothek:

Die Deutsche Bibliothek verzeichnet diese Publikation in der Deutschen National-bibliografie; detaillierte bibliografische Daten sind im Internet über http://dnb.d-nb.de/ abrufbar.

Impressum:

Copyright © 2017 GRIN Verlag
Druck und Bindung: Books on Demand GmbH, Norderstedt Germany
ISBN: 9783668927643

Dieses Buch bei GRIN:

https://www.grin.com/document/463393

Luis Marques

Cloud-basierte Bereitstellung von Desktops für IT-Schulungen

GRIN Verlag

GRIN - Your knowledge has value

Der GRIN Verlag publiziert seit 1998 wissenschaftliche Arbeiten von Studenten, Hochschullehrern und anderen Akademikern als eBook und gedrucktes Buch. Die Verlagswebsite www.grin.com ist die ideale Plattform zur Veröffentlichung von Hausarbeiten, Abschlussarbeiten, wissenschaftlichen Aufsätzen, Dissertationen und Fachbüchern.

Besuchen Sie uns im Internet:

http://www.grin.com/

http://www.facebook.com/grincom

http://www.twitter.com/grin_com

FOM Hochschule für Oekonomie & Management

Studienzentrum Stuttgart

Berufsbegleitender Bachelor-Studiengang Wirtschaftsinformatik

3. Semester

Seminararbeit in

Cloud-basierte Bereitstellung von Desktops für IT-Schulungen

Autor: Luis Marques

Inhaltsverzeichnis

1 Einleitung .... - 1 -

   1.1 Problemstellung .... - 2 -

   1.2 Zielsetzung .... - 2 -

   1.3 Vorgehensweise .... - 2 -

2 Virtualisierung .... - 3 -

   2.1 Server-Virtualisierung .... - 4 -

   2.2 Desktop-Virtualisierung .... - 5 -

   2.3 Bedeutung der Virtualisierung .... - 6 -

   2.4 Anforderungen zur Virtualisierung .... - 7 -

3 Cloud Computing .... - 8 -

   3.1 Cloud Nutzungsmodelle .... - 9 -

   3.2 Cloud Servicemodelle .... - 10 -

   3.3 Desktop as a Service (DaaS) .... - 10 -

   3.4 Vor- und Nachteile der Cloud .... - 11 -

4 Fazit und Ausblick .... - 12 -

5 Literaturverzeichnis .... - 14 -

6 Internetquellen .... - 15 -

Abkürzungsverzeichnis

CAD .... Computer Aided Design

CPU ....Central Processing Unit

DaaS...Desktop as a Service

HA.. High Availability

IaaS .... Infrastructure as a Server

PaaS .... Platform as a Service

PC...Personal Computer

RAM... Random Access Memory

SaaS...Software as a Service

SLA.. Service Level Agreement

VD.. Virtual Desktop

VDI... Virtual Desktop Infrastructure

VM ....Virtual Machine

VMM ....Virtual Machine Monitor

1 Einleitung

Kaum ein Thema regt die Politik und Wirtschaft mehr zur Diskussion an als die fortschreitende Digitalisierung der Arbeitswelt. Zukünftig reicht Fachkompetenz alleine nicht mehr aus. Vielmehr muss der Mitarbeiter von morgen sich neuen Herausforderungen stellen, die ihm durch die zunehmende Digitalisierung der Geschäftsprozesse bevorstehen. Besonders wichtig sind an diesem Punkt auch neue Weiterbildungsmaßnahmen, die Mitarbeiter auf die anstehenden Veränderungen vorbereiten. Überfachlich wird die Medienkompetenz zunehmend unabdingbar, um mit den digitalen Medien und IT-Systemen zielgerichtet umzugehen. Relevant sind dabei insbesondere die IT-Kenntnisse im Umgang mit Anwendungen. Weiterbildungsformen werden in diesem Zusammenhang ebenfalls digital angeboten. Webinare oder Blended Learning-Angebote werden dennoch weiterhin durch klassische Schulungen in Form von Präsenzveranstaltungen wie Workshops und individuelles Coaching unterstützt.[1]

Handelt es sich dabei um die Vermittlung von IT-Anwendungen, werden diese in der Regel in einem PC-Seminarraum abgehalten. Applikationen, die geschult werden sollen, sind auf den Computern installiert und dienen zu Trainings- und Übungszwecken. Umso mehr die Schulungsumgebung der Arbeitsumgebung des Teilnehmers gleicht, umso höher ist der Trainingseffekt und die anschließende Umsetzung des Gelernten.[2]

---

[1] Vgl. *httc e.V.*, Mitarbeiterqualifizierung und Wissenstransfer im Zusammenhang der Digitalisierung von Arbeits- und Geschäftsprozessen, 2016, S. 3 f.
[2] Vgl. *Pfitzinger, B./Jestädt, T.*, IT-Betrieb, 2016, S. 466

1.1 Problemstellung

Einen oder mehrere PC-Schulungsräume zu betreiben, bringt einige Herausforderungen mit sich. Etwa durch unterschiedlichste Anwendungen, die in einem Unternehmen zum Einsatz kommen, ergeben sich eine Vielzahl an Schulungsumgebungen, die verfügbar gemacht werden müssen. Das erfordert neben dem Vorhalten von Computer Ressourcen zeitintensive logistische Aufgaben, um die abweichenden Arbeitsumgebungen zu den jeweiligen Schulungsterminen bereitzustellen. Klassischerweise werden die Rechner mit über zuvor erstellten Festplattenabbildern versehen. Diese Abbilder werden als Images bezeichnet. Mit dieser Variante gehen einige Einschränkungen einher. So ist eine spontane Nutzung des Schulungsraumes nicht realisierbar, da zunächst das passende Image verteilt werden muss. Neue Arbeitsumgebungen sind auf Basis der im Einsatz befindlichen Geräte zu erstellen. Beim Austausch der Hardware, bedingt durch höhere Anforderungen an die Leistungsfähigkeit seitens der Applikationen, müssen die Abbilder neu erstellt werden. Der Schulungsraum sollte mit identischen Rechnern ausgestattet sein, um die Betriebsbereitschaft nach der Verteilung des Abbildes zu gewährleisten. Hinzu kommt, dass die Schulungsumgebungen ausschließlich in diesem Raum sowie zeitlich beschränkt zur Verfügung stehen. Mehrtägige Schulungen, die nicht an direkt aufeinander folgenden Tagen stattfinden, sind ungünstig, da durch das erneute Verteilen vom Image die von Teilnehmern erarbeiteten Daten überschrieben werden.

1.2 Zielsetzung

Diese Seminararbeit erarbeitet eine theoretische Lösung wie durch den Einsatz von Virtualisierung-Technologien in Verbindung von Cloud Lösungen der Bereitstellungsaufwand und Wartungsaufwand in den Computer Schulungsräumen optimiert werden kann.

1.3 Vorgehensweise

Zunächst wird das Thema Virtualisierung, deren Bedeutung und die Anforderungen an die Umsetzung erörtert. Anschließend wird das Thema Cloud Computing und die Leistungen, die aus der Cloud bezogen werden können, beleuchtet, um daraufhin entsprechende Vor- und Nachteile darzulegen.

2 Virtualisierung

Sobald es um Optimierung, Flexibilität und Verwaltung von umfangreicheren IT-Systemen geht, kommt die Virtualisierung zur Anwendung.[3]

Bei der Virtualisierung handelt sich um einen recht offenen Begriff, der für die Abstraktion von IT-Ressourcen steht. Komponenten wie Server, Speicher, Netzwerke oder Applikationen werden mit Hilfe von Software aufgeteilt oder zusammengefasst. Beispielsweise werden bei der Storage-Virtualisierung technologisch und Herstellerübergreifend verschiedene Datenspeicherungssysteme zu einem virtuellen Speicher zusammengefasst und stehen anschließend als eine Einheit zur Verfügung. Bei der Netzwerk- oder Server-Virtualisierung werden die Ressourcen mit Hilfe von Software aufgeteilt, um auf einem physikalischen Netzwerk bzw. Server mehrere virtuelle Einheiten parallel zu betreiben.[4]

Wenn in der Informationstechnologie von Virtualisierung gesprochen wird, geht es meist darum, physikalische Rechner in eine virtuelle Maschine zu überführen.[5] Ziel ist es, nicht für jeden Computer eine eigene physikalische Hardware bereitzustellen, sondern auf einer physikalischen Hardware-Plattform mehrere Computer parallel zu betreiben.[6]

Das stellt lediglich einen Teilbereich des Themas Virtualisierung dar. Virtualisierung umfasst weit mehr konzeptionelle und technologische Aspekte. Das gesamte Thema Virtualisierung behandelt ein weitläufiges Gebiet und ist in den jeweils einzelnen Ausprägungen sehr komplex.[7] Daher werden im Folgenden lediglich die Teilbereiche Server- und Desktop-Virtualisierung dargestellt, da diese im Wesentlichen zur Lösung der Ausgangssituation dienen.

---

[3] Vgl. *Arnold, C.* u. a., KVM Best Practices, 2012, S. 22
[4] Vgl. *Vogel, R./Kocoglu, T./Berger, T.*, Desktopvirtualisierung, 2010, S. 7f
[5] Vgl. *Meinel, C.* u. a., Virtualisierung und Cloud Computing, 2011, S. 13
[6] Vgl. Definition » Hardware-Virtualisierung « | Gabler Wirtschaftslexikon
[7] Vgl. *Vogel, R./Kocoglu, T./Berger, T.*, Desktopvirtualisierung, 2010, S. 7

2.1 Server-Virtualisierung

Physikalische Server, auch Hosts genannt, verfügen über Ressourcen (CPU, RAM, Ethernet-Schnittstellen etc.). Auf diesen wird ein Betriebssystem sowie Anwendungen installiert. In der Regel werden Server für jeweils einen Anwendungsfall betrieben, beispielsweise um einen Datenbankserver oder einen E-Mail-Server bereitzustellen. Diese Anwendungsserver lasten die Komponenten eines physikalischen Hosts meistens nicht aus. Die nicht genutzte Kapazität geht verloren. Durch die Server-Virtualisierung werden einzelne Anwendungsserver in eine virtuelle Maschine (VM) überführt. VMs, auch Gastsysteme genannt, werden auf dem Host als Gast betrieben. Die Hardwareleistung wird partitioniert und auf die darauf laufenden VMs aufgeteilt, so dass sich mehrere VMs die verfügbaren Ressourcen teilen.[8]

Möglich wird das mit Hilfe von Software, die als Hypervisor oder auch als Virtual Machine Monitor (VMM) bezeichnet wird. Der Hypervisor stellt eine logische Schicht zwischen der Hardware und den VMs dar. Durch diese Abstraktionsschicht, wird den virtuellen Systemen eine normale Systemumgebung dargestellt. Der Hypervisor ermöglicht den gleichzeitigen Zugriff auf die darunterliegende Hardware, steuert und überwacht die Nutzung der zur Verfügung stehenden Ressourcen und isoliert die jeweiligen Gastsysteme, damit sich diese nicht gegenseitig beeinträchtigen und vom eigentlichen Hostsystem getrennt sind.[9]

Unterschieden wird zwischen zwei Typen: Ist der Hypervisor als Applikation innerhalb eines Betriebssystem betrieben, so wird vom Typ-2 gesprochen. Wird der Hypervisor direkt auf der Hardware betrieben, handelt es sich um einen Typ-1. Typischerweise wird für die Server-Virtualisierung ein Hypervisor des Typ-1 verwendet. Da dieser ohne ein vollständiges Betriebssystem auskommt, ist der Overhead geringer. Dies bedeutet, dass weniger Leistung für den Betrieb des Hypervisors selbst benötigt wird. Die nicht verwendete Leistung steht wiederum den Gastsystemen zur Verfügung.[10]

---

[8] Vgl. Virtualisierung von Hardware und Software | IT-Systeme Wissen
[9] Vgl. *Arnold, C.* u. a., KVM Best Practices, 2012, S 3 f.
[10] Vgl. Client-Virtualisierung für mobile Arbeitsplätze: Citrix XenClient im Test

2.2 Desktop-Virtualisierung

Ähnlich wie bei Servern besteht auch ein Personal Computer (PC), der als Arbeitsstation dient, aus Hardware, einem Betriebssystem und Applikationen. Auf gleiche Art und Weise, wie Anwendungsserver virtualisiert werden, sind auch PCs als VMs abbildbar. Betriebssystem und Anwendungen werden in einer VM installiert, die wiederum auf einem Server mit einem Hypervisor lauffähig ist. Die Arbeitsumgebung des Anwenders, auch Desktop genannt, wird dann nicht mehr auf dem Computer am Arbeitsplatz bereitgestellt, sondern auf einem Server im Rechenzentrum. Solche Systeme, die zur zentralen Bereitstellung von Desktop-Rechnern zur Verfügung stehen, werden als Virtual Desktop Infrastructure (VDI) bezeichnet. Die Bereitstellung von Desktops innerhalb einer VDI-Umgebung ist wesentlich schneller und mit weniger Aufwand für die Administratoren verbunden. Bereitstellungsprozesse sind voll automatisiert abbildbar und Probleme können schneller behoben werden. Der Zugriff auf die virtuellen Desktops (VD) wird über ein lokales Netzwerk oder über das Internet ermöglicht.[11]

Damit der Anwender auf seiner entfernten Arbeitsumgebung arbeiten kann, braucht er weiterhin einen Computer, der mit einem Monitor, einer Tastatur sowie einer Maus ausgestattet ist. Weitere Peripherie, wie beispielsweise eine Webcam oder Lautsprecher, werden ebenfalls benötigt. Ein Computer, an dem diese Geräte angeschlossen werden, wird weiterhin benötigt. Jedoch stellt dieser nur noch die Schnittstelle dar, um Eingaben und Daten an eine VDI-Umgebung zu senden und den Bildschirminhalt darzustellen.[12] Hierzu kommen in der Regel sogenannte Thin Clients zum Einsatz. Diese Endgeräte definieren sich unter anderem dadurch, dass sie einerseits eine geringe Leistung bereitstellen und andererseits weniger Energie verbrauchen. Thin Clients sind auch kostengünstiger in der Anschaffung als herkömmliche Computer, die in diesem Zusammenhang als Fat Clients bezeichnet werden. Mit normalen PCs oder Notebooks ist der Zugriff auf eine virtuelle Umgebung ebenso möglich. Dadurch, dass der personalisierte Desktop inkl. Anwendungen und Daten nicht mehr auf einem Endgerät gespeichert ist, spielt das Endgerät, über das zugegriffen wird, keine Rolle.[13]

---

[11] Vgl. *Vogel Business Media GmbH & Co. KG*, Was ist Virtual Desktop Infrastructure (VDI)?
[12] Vgl. Desktopvirtualisierung :: VDI (virtual desktop infrastructure) :: ITWissen.info, 2017
[13] Vgl. *Vogel Business Media GmbH & Co. KG*, Was ist ein Thin Client?, 2017

2.3 Bedeutung der Virtualisierung

Virtualisierung wird heutzutage nicht mehr in Frage gestellt. Es geht nur noch darum, für den jeweiligen Verwendungszweck eine geeignete Virtualisierungstechnologie zu finden.[14] Welche Bedeutung die Virtualisierung in den heutigen IT-Infrastrukturen hat, wird durch die folgenden Funktionen ersichtlich.

Die Serverkonsolidierung bringt Kosteneinsparungspotentiale mit sich. Durch die bedarfsgerechte und gezielte Zuweisung von Rechnerressourcen an die VMs wird die Rechnerleistung jedes einzelnen physikalischen Servers optimal genutzt. Die Anzahl der Server kann konsolidiert werden. Einsparungen bei der Beschaffung von Hardware sowie Kostensenkungen beim Unterhalt und Wartung sind die daraus resultierenden Vorteile. Die Hardwareunabhängigkeit erleichtert erheblich den Aufwand bei der Bereitstellung von Systemen. VMs sind unabhängig von der darunterliegenden Hardwareumgebung. Dadurch, dass diese in Dateien gekapselt sind, sind sie leicht zu vervielfältigen, zu verschieben sowie leicht zu sichern. Durch unterschiedliche VMs lassen sich die Server-Anwendungen voneinander isolieren. Die Sicherheit in der IT-Infrastruktur wird somit erhöht. Sicherheitsmängel oder Abstürze einzelner Prozesse wirken sich nicht auf die übrigen Systeme aus, was weiterführend auch zu einer höheren Verfügbarkeit und Ausfallsicherheit führt. Hosts können zu sogenannten Clustern gebündelt werden. Auf welchem Rechner innerhalb des Clusters die VM betrieben wird ist unerheblich. Der Ausfall eines physikalischen Rechnersystems wird damit abgefedert, da die VM auf dem nächst verfügbaren Rechner automatisch wieder gestartet wird. Funktionen wie Live-Migration erlauben es, virtuelle Einheiten zwischen zwei physikalischen Maschinen oder zwischen zwei Speichersysteme ohne Funktionsunterbrechung zu bewegen. Wartungsarbeiten am Host oder der Austausch von Hardware sind so jederzeit möglich. Für Systeme, die eine sehr hohe Verfügbarkeit (High Availability, HA) voraussetzen, ist Virtualisierung gleichzeitig eine Schlüsseltechnologie.[15]

Das ganze Thema Cloud Computing wird erst durch die Verwendung von Virtualisierung ermöglicht.[16]

---

[14] Vgl. Server-Virtualisierung: Upgraden oder wechseln?, 2017
[15] Vgl. *Arnold, C.* u. a., KVM Best Practices, 2012, S. 21 f.
[16] Vgl. *Weber, H./Viehmann, J.*, Unternehmens-IT für die Digitalisierung 4.0, 2017

2.4 Anforderungen zur Virtualisierung

Zur Verwirklichung der Ziele von Serverkonsolidierung, Hardwareunabhängigkeit, Sicherheit, Verfügbarkeit und Ausfallsicherheit durch die Virtualisierung muss eine Infrastruktur geschaffen werden. Die hohe Komplexität erfordert eine detaillierte Planung beim Aufbau der Infrastruktur. Die in Frage kommende Virtualisierungstechnik muss geklärt sein, um anschließend das entsprechende Virtualisierungsprodukt auswählen zu können. Der Standort des Rechenzentrums und die entsprechende Netzwerkanbindung müssen berücksichtigt werden. Hinzu kommen Überlegungen, welche Hardware zum Einsatz kommen soll. Storage, Server und Netzwerk spielen bei der Virtualisierung eine wichtige Rolle und sollten ideal zusammenarbeiten. Die Empfehlungen der Hypervisor-Hersteller an die Komponenten sollten im Hinblick auf den Support eingehalten werden und stellen darüber hinaus sicher, dass die optimale Leistung abgerufen wird.[17]

Der tatsächliche Bedarf, wieviel Prozessorleistung, Hauptspeicher und Festplattenplatz benötigt wird, muss ermittelt werden. Zu berücksichtigen sind dabei die Kapazitäten, die zum Betrieb der eigentlichen Infrastruktur gebraucht werden. Der Hypervisor, der auf den jeweiligen Servern installiert ist, benötigt ebenfalls Prozessorleistung und Hauptspeicher. Zur Speicherung von Snapshots, Ereignisprotokollen und Auslagerungsdateien erfordert die Technologie weitere Ressourcen auf dem Storage. Ist der Gesamtbedarf kumulativ ermittelt, ergeben sich die Anforderungen an die Leistungsfähigkeit der einzelnen Server und deren Anzahl. Um zusätzlich eine Fehlertoleranz bzw. eine hohe Verfügbarkeit zu gewährleisten, bedarf es ausreichender Redundanzen über alle Komponenten hinweg. [18]

Die aufgezählten Punkte sind hierbei lediglich grobe Hinweise, die es bei der Planung zu berücksichtigen gilt. Die tatsächliche Umsetzung erfordert ein hohes Maß an Know-How in den jeweiligen Fachgebieten der Anwendungs-, Server-, Netzwerk- und Speicheradministratoren. Das Fachwissen muss daher, soweit nicht vorhanden, erst aufgebaut oder als Dienstleistung eingekauft werden.

---

[17] Vgl. *Joos, T.*, Virtualisierung: Optimale Auswahl der Server | ZDNet.de, 2016
[18] Vgl. BSI - M 2 Maßnahmenkatalog Organisation - IT-Grundschutz-Kataloge - M 2.477 Planung einer virtuellen Infrastruktur

3 Cloud Computing

Virtualisierung bringt eine hohe Flexibilität in IT-Infrastrukturen. Die finanziellen Investitionen zur Realisierung sowie die Kosten für den Betrieb und Wartung sind jedoch hoch.

Cloud Computing bietet hierfür Lösungen, den Investitionsaufwand zu minimieren und dabei die Fixkosten variabel zu halten.[19] Eine einheitliche Definition für Cloud Computing konnte sich bisher noch nicht durchsetzen. Das Bundesamt für Sicherheit in der Informationstechnik (BSI) hat sich auf die folgende Definition festgelegt: "Cloud Computing bezeichnet das dynamisch an den Bedarf angepasste Anbieten, Nutzen und Abrechnen von IT-Dienstleistungen über ein Netz. Angebot und Nutzung dieser Dienstleistungen erfolgen dabei ausschließlich über definierte technische Schnittstellen und Protokolle. Die Spannbreite der im Rahmen von Cloud Computing angebotenen Dienstleistungen umfasst das komplette Spektrum der Informationstechnik und beinhaltet unter anderem Infrastruktur (z. B. Rechenleistung, Speicherplatz), Plattformen und Software." [20]

In dieser Definition sind Charakteristiken von Cloud Services eingearbeitet. Die US-amerikanische Standardisierungsstelle National Institute of Standards and Technology (NIST) definiert fünf wesentliche Eigenschaften, die für Cloud Computing gelten sollten.

1. Ressourcen sind ohne eine Interaktion eines Dienstleisters auf Abruf verfügbar. (On Demand Self Service).
2. Ressourcen sind über ein standardisiertes Netzwerk erreichbar. (Broad Network Access).
3. Ressourcen sind gebündelt und stehen multimandantenfähig bereit. (Resource Pooling).
4. Ressourcen sind auf Bedarf schnell skalierbar. (Rapid Elasticity).
5. Ressourcennutzung wird gemessen und überwacht. (Measured Service).[21]

---

[19] Vgl. *Krcmar, H.* u. a., Cloud-Services aus der Geschäftsperspektive, 2016, 17–18f
[20] *BSI*, BSI - Cloud Computing Grundlagen
[21] Vgl. *Bucher, S.*, Seite 2: Die fünf wesentlichen Charakteristika der Wolke, 2012

3.1 Cloud Nutzungsmodelle

Zur Nutzung von Cloud Computing-Ressourcen gibt es unterschiedliche Modelle. Unterschieden wird zwischen der Public, Private und Hybrid Cloud. Public Clouds sind Infrastrukturen, bei denen alle Komponenten, sowohl Hardware und Software, vom einem Anbieter bereitgestellt und verwaltet werden. Ausschließlich der Cloud Betreiber entscheidet über die Betriebsprozesse sowie die Sicherheitsmaßnahmen in der Infrastruktur. Die Dienste sind in der Regel über das Internet nach einer einfachen Anmeldeprozedur von allen Interessenten nutzbar. Die Nutzer teilen sich die gleiche Infrastruktur. Hochstandardisierte Prozesse werden genutzt, um die Leistungen auf Bedarf zur Verfügung zu stellen. Anwendungs- und/oder Infrastrukturdienste, die darüber hinaus angeboten werden, sind hoch flexibel in der Skalierbarkeit sowie in ihrer Abrechnung. Individuelle Anpassungen, die nicht vom Betreiber in Form von zusätzlichen Paketen angeboten werden, sind hingegen nicht möglich. Allgemein wird, wenn es um das Thema Cloud Computing geht, eine Public Cloud unterstellt. Bekannte Beispiele für Public Cloud Anbieter sind unter anderem Microsoft mit deren Office 365-Diensten und Amazon Webservices (AWS). Private Clouds hingegen sind Cloud Architekturen, die auf individuelle Unternehmensanforderungen zugeschnitten sind. Diese Umgebungen werden vom Unternehmen oft selbst betrieben. Die Services sind in der Regel nur durch Virtual Privat Network (VPN) Netzwerke zugänglich. Somit werden diese nur dem Unternehmen selbst evtl. noch autorisierten Partnern zur Verfügung gestellt. Private Clouds sind standardisierte und sichere IT-Betriebsumgebungen für individuelle Geschäftsanforderungen. Als Hybrid Cloud werden Konstellationen bezeichnet, bei denen jeweils Dienste aus beiden Modellen angewendet oder miteinander verknüpft sind. Die Anbindung einer traditionellen IT-Umgebung mit einem oder mehreren Cloud Services werden ebenfalls als Hybrid Cloud bezeichnet. Dieses Modell wird in der Praxis zunehmend genutzt, um die unterschiedlichen Serviceebenen effektiv zu implementieren. Beispielsweise werden Infrastrukturkomponenten als Private Cloud Modell betrieben. Einzelne Software Services werden dem Endanwender wiederrum aus der Public Cloud zur Verfügung gestellt. [22]

---

[22] Vgl. *Münzl, G./Pauly, M./Reti, M.*, Cloud Computing als neue Herausforderung für Management und IT, 2015, S. 13 f.

3.2 Cloud Servicemodelle

Im Cloud Computing Umfeld steht eine umfangreiche Palette an unterschiedlichen dienstbasierten Leistungen bereit. Cloud Dienste werden in drei Service-Ebenen unterteilt, die meist aufeinander basieren. Aufbauend betrachtet, stellt Infrastructure as a Server (IaaS) die erste Ebene dar. Eingeordnet werden all jene Dienste, bei denen Rechen-, Speicher- oder Netzwerkressourcen als Services bereitgestellt werden. Darüber liegt die Platform as a Service (PaaS)-Ebene. Entwicklungs- oder Laufzeitumgebungen, Dienste, die das Entwickeln oder die Ausführung von Software ermöglichen, werden darunter einsortiert. Zuletzt folgt Software as a Service (SaaS), die Ebene, die aus fertigen Programmen und Anwendungen besteht.[23] Aus dieser Einstufung in Ebenen lassen sich auch die adressierten Zielgruppen erkennen. So richtet sich IaaS in der Regel an die IT-Abteilungen oder IT-Dienstleister, PaaS an Entwickler, Integratoren und IT-Planer. SaaS richtet sich zum Teil direkt an Endanwender, aber auch mit fertigen Lösungen an Unternehmen.[24] Die jeweiligen Dienstleistungen werden ebenfalls mit „as a Service" bezeichnet.

3.3 Desktop as a Service (DaaS)

Einer der zahlreichen as a Service Dienste ist DaaS. Es handelt sich dabei um eine Dienstleistung aus der Cloud, die virtuelle Desktops als Service anbietet. Statt einer vollständigen VDI-Umgebung in einer eigenen Infrastruktur zu betreiben, werden Desktops bei einem DaaS-Anbieter gemietet. Dadurch entfallen die Anfangsinvestitionen sowie die zeitintensive Planung und spätere Wartung einer VDI-Lösung. In der Regel erfolgt die Abrechnung nach der tatsächlichen Nutzung. Die Schwierigkeit liegt jedoch bei der Auswahl des richtigen Anbieters. DaaS-Provider verwenden neben unterschiedlichen Begrifflichkeiten auch unterschiedliche Definitionen zur Art und Weise der Bereitstellung.[25]

---

[23] Vgl. *Münzl, G./Pauly, M./Reti, M.*, Cloud Computing als neue Herausforderung für Management und IT, 2015, S. 9–12
[24] Vgl. Cloud Dienste - Das müssen Sie wissen!: Cloud Computing - SaaS, PaaS, IaaS, Public und Private
[25] Vgl. *Herrmann, W.*, Alternative zur Virtual Desktop Infrastructure: Desktop-as-a-Service – wann lohnt sich der Einsatz?, 2016

3.4 Vor- und Nachteile der Cloud

Cloud Dienste bringen zahlreiche Vorteile mit sich. Durch die Nutzung der Angebote lassen sich klassische IT-Strukturen erweitern bzw. vollständig auslagern. Erhebliche Investitionen bei der Beschaffung und die damit verbundene Kapitalbindung werden optimiert. Beim Betrieb einer eigenen Infrastruktur sind regelmäßige Upgrades von Hard- und Software unabdingbar, um auf dem aktuellen Stand der Technik zu bleiben. Diese stellen einen zusätzlichen erheblichen Kostenfaktor dar. Dagegen liegen die Kosten für die Anmietung der Rechenleistung bei einem Cloud Anbieter generell unterhalb der Anschaffungskosten einer eigenen Infrastruktur. In der Regel werden die angemieteten Ressourcen monatlich abgerechnet. Dabei kann die tatsächliche Leistung jederzeit flexibel erweitert sowie reduziert werden. Kostenintensive Maßnahmen zum Ausfallschutz, der Wartung und Pflege der Systeme gehen an den Anbieter über. Somit sind die Kosten gut kalkulierbar. Ebenfalls von Vorteil sind die Einsparungen an IT-Personal-Kapazitäten, die sich daraus ergeben. Arbeitsstunden zur Beschaffung, Installation und Konfiguration von eigenem Equipment entfallen. Der signifikanteste Vorteil, neben den Einsparungen von Geld und Ressourcen, ist jedoch die Realisierungszeit. Das IT-Personal kann sich durch die sofort zur Verfügung stehenden Ressourcen direkt an die Umsetzung der Projekte machen.

Jedoch bringt die Auslagerung auch Gefahren mit sich, die berücksichtigt werden müssen. So entsteht mit der Auslagerung eine Abhängigkeit zum jeweiligen Anbieter. Erbringt dieser die Leistungen nicht oder wird in Folge einer Insolvenz handlungsunfähig, stehen die Ressourcen nicht mehr zur Verfügung. Mit dem Anbieter hängt auch die Sicherheit und Schutz der Daten zusammen, die auf den Systemen gespeichert werden. Werden die Daten vom Anbieter außerhalb von Deutschland oder der EU-Grenzen gespeichert, unterliegen diese auch nicht den deutschen oder europäischen Datenschutzrichtlinien. Der Zugriff auf die Dienste erfolgt über das Internet. Eine entsprechend hohe Bandbreite und Zuverlässigkeit der Leitung ist eine wichtige Voraussetzung, die sichergestellt sein muss.[26]

---

[26] Vgl. *Minnich, S.*, Die Vorteile und Nachteile des Cloud-Computing | heise Download, 2017

4 Fazit und Ausblick

In IT-Schulungsumgebungen bringen VDI-Umgebungen erhebliche Vorteile gegenüber der herkömmlichen physikalischen Infrastruktur. Durch die Entkoppelung der Endgeräte in den Schulungsräumen zur Trainingsumgebung ergeben sich zahlreiche Vorteile. Die Effizienz erhöht sich durch die schnellere Bereitstellung eines Trainingssystems und erhöht gleichzeitig die Flexibilität, neue Anforderungen umzusetzen. Das IT-Personal kann seine Arbeitsabläufe optimieren, da es unabhängig von der Raumbelegung, Schulungsumgebungen vorbereiten kann. Räume werden somit auch flexibler und spontaner nutzbar, da sie unabhängig von den aufgespielten Anwendungen Zugriff auf die unterschiedlichsten Umgebungen ermöglichen. Trainer erhalten die Möglichkeit, bereits vorab ihre Trainingsumgebungen zu überprüfen bzw. für den Schulungszweck anzupassen, ohne zuvor in die Schulungsräume zu kommen. Das gewährleistet auch, dass die geforderte Umgebung zum vereinbarten Termin funktionsfähig ist. Die Qualität für den Seminarteilnehmer wird erhöht. Szenarien, bei denen die Teilnehmer ihre eigenen Endgeräte mitbringen, um sich damit an den Schulungen beteiligen zu können, eröffnet die Möglichkeit, auch Räume zu verwenden, die nicht mit Computer ausgestattet sind. Teilnehmern kann die Trainingsumgebung auch nach der Schulung zu Testzwecken zugänglich gemacht werden und genießen damit einen Mehrnutzen und Service über die Schulung hinaus. Durch die Virtualisierung ergibt sich auch die Möglichkeit, die Infrastruktur outzusourcen. Mit IaaS oder DaaS-Diensten aus der Cloud ergeben sich weitere Vorzüge bei den Kosten für die Investition in eine solche Infrastruktur sowie der Skalierbarkeit. Kapazitäten in der IT-Abteilung werden geschont, indem die aufwändige und zumal komplexe Planung, Aufbau und Wartung einer VDI-Umgebung entfällt. Bei allen Vorteilen, die sich ergeben, muss die Umsetzung sorgsam geplant werden. Die Internetanbindung stellt eine wesentliche Basis dar um auf die Cloud Dienste zuzugreifen. Daher muss diese entsprechenden Bandbreiten bereitstellen und eine möglichst geringe Latenz zur Cloud Infrastruktur gewährleisten. Die Anbindung sollte darüber hinaus redundant und ausfallsicher sein. Ausfälle sorgen andernfalls zu einer Nichtdurchführbarkeit der Schulung.

Eine Herausforderung stellen die Cloud Provider dar. In Bezug auf den Funktionsumfang, Anpassungsoptionen und der vollen Umsetzbarkeit, insbesondere bei anspruchsvollen Anwendungen wie Computer Aided Design (CAD),

Videobearbeitung oder anderen grafikintensiven Applikationen, sind die Angebote extrem unterschiedlich. Keiner der Anbieter hat die gleiche Definition der unzähligen Begrifflichkeiten, die es im Zusammenhang mit Cloud Diensten und Bereitstellungsmodellen gibt. Abrechnungsmodelle sind teilweise sehr komplex und abhängig von der Verfügbarkeit, Leistungsfähigkeit und dem Zahlungsintervall. Anbieter und Angebotsmodelle sollten daher sorgfältig geprüft und zunächst evaluiert werden. Es kann dabei notwendig werden, eine Mischung der Angebote in Form einer Hybrid oder einer Multi Cloud Anbindung in Betracht zu ziehen, um die Umsetzung mit allen Vorteilen sowie aus betriebswirtschaftlicher Sicht zu gewährleisten. Vereinbarungen in Form von Service Level Agreements (SLA) sind mit jedem einzelnen Anbieter unverzichtbar. Auf die Technologie der Virtual Desktops in Verbindung mit Cloud Diensten - egal in welcher Form - wird zukünftig kaum zu verzichten sein, um den Anforderungen gerecht zu werden. Der Breitbandausbau und die Anzahl an Cloud Applikationen und deren Nutzungsmöglichkeit werden die Realisierung fordern, zeitgleich aber auch immer effizienter ermöglichen.

5 Literaturverzeichnis

Arnold, Christoph u. a. KVM Best Practices: Virtualisierungslösungen für den
Enterprise-Bereich, Heidelberg: dpunkt.verlag, 2012

Krcmar, Helmut u. a. Cloud-Services aus der Geschäftsperspektive, Wiesbaden:
Springer Gbaler, 2016

Meinel, Christoph u. a. Virtualisierung und Cloud Computing: Konzepte,
Technologiestudie, Marktübersicht, Bd. 44, Potsdam: Universitätsverlag
Potsdam, 2011

Münzl, Gerald/Pauly, Michael/Reti, Martin Cloud Computing als neue
Herausforderung für Management und IT, Berlin: Springer Vieweg, 2015

o.V. Mitarbeiterqualifizierung und Wissenstransfer im Zusammenhang der
Digitalisierung von Arbeits- und Geschäftsprozessen, httc e.V. 2016

Pfitzinger, Bernd/Jestädt, Thomas IT-Betrieb: Management und Betrieb der IT in
Unternehmen, Berlin/Heidelberg: Springer Vieweg, 2016

Server-Virtualisierung: Upgraden oder wechseln?, in: Computerwoche 2017, Heft
10

Vogel, Robert/Kocoglu, Tarkan/Berger, Thomas Desktopvirtualisierung:
Definitionen, Architekturen, Business-Nutzen, s.l.: Vieweg+Teubner (GWV),
2010

Weber, Herbert/Viehmann, Johannes Unternehmens-IT für die Digitalisierung 4.0:
Herausforderungen, Lösungsansätze und Leitfäden, Wiesbaden: Springer
Fachmedien Wiesbaden, 2017

6 Internetquellen

Bundesamt für Sicherheit in der Informationstechnik (Hrsg.), BSI - Cloud
   Computing Grundlagen,
   https://www.bsi.bund.de/DE/Themen/DigitaleGesellschaft/CloudComputing/Grun
   dlagen/Grundlagen_node.html, (Zugriff: 2017-11-22)

BSI - M 2 Maßnahmenkatalog Organisation - IT-Grundschutz-Kataloge - M 2.477
   Planung einer virtuellen Infrastruktur,
   https://www.bsi.bund.de/DE/Themen/ITGrundschutz/ITGrundschutzKataloge/Inh
   alt/_content/m/m02/m02477.html, (Zugriff: 2017-10-23)

Bucher, Stefan (2012) Die fünf wesentlichen Charakteristika der Wolke,
   https://www.cloudcomputing-insider.de/cloud-computing-als-ganzheitliche-
   geschaeftsstrategie-a-384309/index2.html, (Zugriff: 2017-11-23)

Client-Virtualisierung für mobile Arbeitsplätze: Citrix XenClient im Test,
   https://www.tecchannel.de/a/citrix-xenclient-im-test,2029727,7,
   (Zugriff: 2017-11-19)

Cloud Dienste - Das müssen Sie wissen!: Cloud Computing - SaaS, PaaS, IaaS,
   Public und Private, https://www.tecchannel.de/a/cloud-computing-saas-paas-
   iaas-public-und-private,2030180,3, (Zugriff: 2017-11-26)

Donner, Andreas, (2017) Was ist Virtual Desktop Infrastructure (VDI)?,
   https://www.ip-insider.de/was-ist-virtual-desktop-infrastructure-vdi-a-580833/,
   (Zugriff: 2017-11-30)

Gabler Wirtschaftslexikon, Definition » Hardware-Virtualisierung «,
   http://wirtschaftslexikon.gabler.de/Definition/hardware-virtualisierung.html,
   (Zugriff: 2017-10-21)

ITWissen.info (2017) Desktopvirtualisierung :: VDI (virtual desktop infrastructure) ,
   http://www.itwissen.info/Desktopvirtualisierung-virtual-desktop-infrastructure-
   VDI.html, (Zugriff: 2017-11-21)

Herrmann, Wolfgang, (2016): Alternative zur Virtual Desktop Infrastructure:
   Desktop-as-a-Service – wann lohnt sich der Einsatz?,
   https://www.computerwoche.de/a/desktop-as-a-service-wann-lohnt-sich-der-
   einsatz,3313102, (Zugriff: 2017-10-26)

Joos, Thomas, (2016): Virtualisierung: Optimale Auswahl der Server | ZDNet.de,
   http://www.zdnet.de/88258462/virtualisierung-optimale-auswahl-der-
   server/?inf_by=59dfab29671db81a328b481d, (Zugriff: 2017-10-23)

Minnich, Sebastian, (2017): Die Vorteile und Nachteile des Cloud-Computing,
https://www.heise.de/download/blog/Die-Vorteile-und-Nachteile-des-Cloud-
Computing-3713041, (Zugriff: 2017-11-27)

Strocke, Dirk/Donner, Andreas, (2017) Was ist ein Thin Client?, https://www.ip-
insider.de/was-ist-ein-thin-client-a-607132/, (Zugriff: 2017-11-21)

Virtualisierung von Hardware und Software | IT-Systeme Wissen, https://www.itsys-
wissen.de/it-systeme/virtualisierung, (Zugriff: 2017-11-19)